UNSERE KINDER

Augenblicke der Menschlichkeit

MOMENTS

INTIMACY

Florida, USA Eddie Bonfigli

LAUGHTER

Südafrika Guy Stubbs

KINSHIP

New York, USA Christophe Agou

UNSERE KINDER

Augenblicke der Menschlichkeit

GEO

M I L K

KNESEBECK

Unten sind zwei Fotos zu sehen. Das Erste, aus dem Jahr 1972, zeigt mich als 9-jähriges Mädchen. Nackt und schreiend vor Schmerz laufe ich eine Landstraße in Vietnam entlang. Mein Dorf war mit Napalm bombardiert worden, und meine Haut brannte. Ein Fotograf, Nick Ut, hatte den Moment festgehalten, und sein Foto schockierte die Welt. Dieses Foto trug mit dazu bei, dass der Vietnamkrieg beendet wurde.

Das zweite Foto, das Anne Bayin 23 Jahre später gemacht hat, zeigt mich und meinen Sohn Thomas an seinem ersten Geburtstag. Auf dem Bild sind die Narben auf meinen Armen und dem Rücken zu sehen, die mich glauben machten, dass ich niemals heiraten, dass niemand mich jemals lieben würde. Aber ich habe mich getäuscht. Dieses Bild von mir und meinem Thomas, meinem Engel, ist ein Bild der Liebe.

Als ehrenamtliche Friedensbotschafterin der UNESCO arbeite ich seit langem daran, weltweit eine Kultur des Friedens und der Harmonie zu fördern. Ich wünsche mir, dass die Kinder überall auf der Welt noch viel mehr das Gefühl haben, geliebt zu werden, geachtet und bewundert. Ich glaube daran, dass Liebe und Verzeihen die Menschen und letztendlich die Welt verwandeln können, so wie ich selbst verwandelt worden bin. Aus dem verletzten, erschrockenen Kind auf dem Foto von Nick Ut wurde die gelassene und freudige Mutter auf Anne Bayins M.I.L.K.-Foto.

Dieses Buch ist wichtig. Die abgebildeten Kinder sind unschuldig und liebenswert, wie auch immer sie leben müssen. Sie stehen stellvertretend für die Kinder der Welt – unsere Kinder. Die Auswahl erinnert uns daran, dass wir den Kindern zeigen müssen, wie ein Leben voller Liebe aussieht. Wir müssen mit gutem Beispiel vorangehen und ihnen Verständnis, Teilnahme und Liebe vorleben. Wenn wir für die Zukunft eine Welt des Friedens anstreben, erreichen wir das nur mit gemeinsamen Anstrengungen in der Gegenwart – zu Hause, in der Schule, in unseren Wohnorten, auf nationaler und internationaler Ebene.

Dieses Buch gibt uns so viel mit seinen Bildern und seiner Botschaft. Meine Hoffnung besteht darin, dass es uns alle anspornt, einzutreten für eine bessere Welt für unsere Kinder.

Kim Phuc

Kim Phuc 1972: © AP/FOTOPRESS/Nick Ut

Kim Phuc 1995: © Anne Bayin

Christina Noble

Ich glaube an die Kindheit

Jeder Mensch weiß, dass die Kindheit wertvoll ist.

Ich glaube fest daran, dass jedes Kind der Welt, ob arm oder reich, ein Recht auf eine glückliche Kindheit hat. Auf der Welt gibt es Millionen von Kindern, von denen viele geliebt und umsorgt werden, aber auch viele, für die das nicht zutrifft. Meine eigene schmerzhafte Erfahrung, als Kind alleine und auf mich gestellt in Dublin auf der Straße zu leben, schuf ein tiefes Mitgefühl in mir für Kinder, die ohne ein richtiges Zuhause und ohne Hoffnung leben. Was mir Kraft gibt, ist die Tatsache, dass ich als Kind gelernt habe zu überleben. Trotz meiner schlimmen Erfahrungen kam ich zu der Überzeugung, dass jeder Einzelne von uns die Dinge zum Besseren wenden kann. Ich hoffe, dass Sie, wenn Sie die Bilder in diesem Buch betrachten, darüber nachdenken, was es bedeutet, Kind zu sein, und was wir dafür tun können, den Kindern in Not eine halbwegs glückliche Kindheit zu bereiten.

Eine glückliche Kindheit ist die wertvollste und schönste aller Erfahrungen, und sie begleitet uns ein Leben lang. Jedes Kind dieser Welt hat einen Anspruch darauf. Unabhängig davon, ob ein Kind in einem Land der ersten oder der dritten Welt lebt, die Bedürfnisse sind dieselben: Sicherheit, Fürsorge, Nahrung, Schulbildung. Geliebt und geachtet zu werden als würdevolles Individuum. Bedingungslose Liebe ist das wichtigste und nachhaltigste Geschenk, das wir unseren Kindern machen können. Liebe bringt den Zauber und das Lachen in eine Kindheit. Ohne diese kann ein Kind nicht wachsen – nicht körperlich, nicht geistig und auch nicht seelisch.

Die Zukunft der Welt ist die Zukunft der Kinder. Dabei müssen wir vielen Kindern ihre Zukunft »zurückgeben«, ihnen eine Lebensmöglichkeit und Hoffnung verschaffen. Wir mögen vielleicht denken, das würde nur für jene Kinder zutreffen, die in verarmten, von Kriegen verheerten Ländern leben und deren Eltern einfach nicht in der Lage sind, ihre Kinder mit dem Nötigsten zu versorgen. Das ist aber nicht der Fall. Selbst in den reichsten Ländern der Welt leiden Kinder körperlichen und seelischen Mangel, werden vernachlässigt und missbraucht. Wo Eltern hart arbeiten, nur um beruflich voranzukommen und das Überleben zu sichern, leiden die so genannten privilegierten Kinder, wenn auch auf unterschiedliche Art und Weise. Auf vielen Kindern der westlichen Welt lastet ein zu großer Erfolgsdruck, ihre Kindheit bietet keinen Platz für Experimente, Abenteuer und Spaß. Sie spielen zu wenig. Viele Kinder müssen heute sogar erst lernen, was es überhaupt heißt zu spielen.

Das Elend vieler Kinder weltweit sagt uns, dass in der Entwicklung der Menschheit etwas falsch gelaufen ist. Millionen von Kindern, oftmals Waisen, leiden Hunger, leben auf der Straße, werden sexuell oder als Arbeitssklaven missbraucht. In den großen Städten sind Alkohol oder Drogen, Prostitution, Krankheit und Mangelernährung unter Kindern an der Tagesordnung. Und der Jahresbericht des Generalsekretärs der Vereinten Nationen für das Jahr 2001 enthielt noch als erklärtes Ziel den »Stopp der Rekrutierung und des Einsatzes von Kindersoldaten«. Allein die Tatsache, dass es das in unserer Zeit noch immer gibt, ist schockierend. Und doch ist dies nur eines von vielen Problemen, die Kindern ihre Kindheit für immer zerstören. Es muss etwas getan werden. Es kann auch etwas getan werden.

Ich glaube fest daran, dass jeder einzelne etwas verändern kann. Wir müssen nur irgendwo beginnen. Ich habe die Christina Noble Children's Foundation gegründet, weil ich ein Zeichen setzen wollte. Im Jahr 1989 kam ich nach Vietnam, wo die Not der Straßenkinder besonders groß ist. Ich wollte unbedingt etwas für diese Kinder tun. Jedes Kind hat seine eigenen Nöte und Bedürfnisse: Manche brauchen medizinische Sofort- oder Langzeithilfe, die meisten leiden unter Mangelerscheinungen, alle brauchen Bildungsmöglichkeiten und Schutz vor wirtschaftlicher und sexueller Ausbeutung. Nicht zu vergessen die menschlichen Grundbedürfnisse: das Bedürfnis nach Liebe, Sicherheit, Respekt und Würde. Und sie müssen singen lernen, tanzen und lachen.

Meine Stiftung ist eine von vielen, die überall auf der Welt dazu beitragen, die Rahmenbedingungen zu verbessern, in die diese Kinder hineingeboren werden. Neben den großen internationalen Organisationen wie UNICEF und Save the Children gibt es viele andere, wie meine Stiftung, die auf die Großzügigkeit von Menschen angewiesen sind, die ihre Augen nicht verschließen. Menschen, die Zeit und Geld dafür aufwenden, um die Arbeit vor Ort in den jeweiligen Ländern zu unterstützen. Diese Menschen nehmen am Leid anderer Teil und geben damit so viel. Indem Sie all jene unterstützen, die sich für die Kinder der Welt einsetzen, beziehen Sie Stellung. Zusammen können wir versuchen, auf das Denken und Fühlen der Kinder Einfluss zu nehmen, die in der kommenden Generation die Verantwortung für unseren Planeten tragen werden. Das gelingt immer dann, wenn wir bedürftigen Kindern mit unserer tatkräftigen Unterstützung das Gefühl geben, geliebt zu werden. Mit unserem Beispiel zeigen wir ihnen, dass uns ihr Wohlergehen, ihre Zuversicht und ihr Glaube an ein Ziel im Leben am Herzen liegen. Die zukünftigen Führer der Welt werden nicht dazu geboren, sie müssen hineinwachsen in die Aufgabe, und ihre Werte und Leidenschaften werden geformt von ihren Erfahrungen.

Viele der Straßenkinder in Vietnam und der Mongolei, mit denen ich im Lauf der Jahre gearbeitet habe, sind kleine Helden. Sie kümmern sich um jüngere Geschwister und haben doch selbst die größte Mühe, in einer feindlichen Umwelt zu überleben. Sie tun alles, um die hungrigen Münder von Brüdern, Schwestern und anderen Kindern zu stopfen. Dabei sind sie erstaunlich erfolgreich. Nur sind die Tätigkeiten, zu denen sie gezwungen werden, weit entfernt von dem, was man Kindern in einer anständigen Welt zumuten sollte.

Können diese unterprivilegierten Kinder ein Zeichen setzen? Eines zum Beispiel, der zwölf Jahre alte Nkosi Johnson aus Afrika, wurde als unermüdlicher AIDS-Aktivist weltberühmt. Bei der internationalen AIDS-Konferenz in Durban in Südafrika im Jahr 2000 machte er mit seiner Eröffnungsrede Schlagzeilen. Darin rief er die Welt dazu auf, Menschen mit HIV/AIDS zu akzeptieren und ihnen mit Würde und Liebe zu begegnen. Als Nkosi 2001 seiner Krankheit erlag, sagte Kenneth Kaunda, der ehemalige Präsident von Sambia, dessen eigener Sohn 1986 an AIDS gestorben war: »Ohne zu übertreiben, kann ich sagen, dass dieser kleine Mann (Nkosi) eine Menge getan hat für das Zusammenwachsen und die Einheit der Menschen. Er hat zwei Farben zusammengebracht; sie sind jetzt eine Familie. Das ist eine großartige Leistung.« Ein Kind allein kann sehr wohl ein Zeichen setzen.

Wenn wir die Herzen jener jungen Menschen auf der Welt erreichen, die ein halbwegs normales Leben führen, und wenn es uns gelingt, sie auf das Leid Gleichaltriger aufmerksam zu machen und sie davon zu überzeugen, dass sie etwas tun können für die, die weniger begünstigt sind als sie selbst, dann glaube ich, gibt es Hoffnung. Überall auf der Welt geben junge Menschen gemeinsam ihrer Sorge um den Weltfrieden Ausdruck, und gerade weil die moderne Kriegsführung so viele Opfer unter den Frauen und Kindern fordert, ist hier der Punkt anzusetzen. Wir können und sollten alle auf die Straße gehen, um die Kinder der Welt zu retten. Lasst die Jugend an die Macht, damit sie sich die Welt erschafft, die sie verdient.

Ob wir selbst Kinder haben oder nicht, wir sind alle Teil einer größeren Familie, Teil der großen Menschheit. Wir haben die heilige Verantwortung, etwas, irgendwas, alles zu tun, um die Welt für die Kinder zu verändern. Es kommt darauf an, jetzt und sofort, etwas zu unternehmen. Bei den Kindern, mit denen ich arbeite, kümmert mich weniger, was war und was sein wird, meine ganze Kraft gilt ihrem Hier und Heute. Was brauchen diese Kinder jetzt und sofort, damit sie gesunden können? Wie können wir jetzt und sofort ein sicheres Zuhause für sie schaffen, in dem sie sich entfalten können? Wenn wir diese Fragen beantwortet und diese Bedürfnisse befriedigt haben, dann ist der erste Schritt getan. Manche glauben, die Aufgabe ist so groß und so überwältigend, dass nichts getan werden kann, aber wenn wir unseren Optimismus verlieren würden, könnte niemand von uns, die wir vor Ort arbeiten, weitermachen. Belohnt werden wir immer dann, wenn wir sehen, dass wir etwas erreicht haben, und sei es auch nur für ein Kind. Das Kind, dessen Leben eine Wende genommen hat, könnte zum Ferment der Erneuerung werden, in der eigenen Familie, der Gemeinde, der Region, dem Land, ja der ganzen Welt.

Die Fotos in diesem Band zeigen eine Auswahl der Kinder dieser Welt, solche, die auf der Sonnenseite und solche, die auf der Schattenseite des Lebens stehen. Einige kommen sichtlich aus Familien, die ihre Kinder wohl behütet ins Erwachsenendasein geleiten werden. Sie können sich glücklich schätzen. Ihre Eltern sind in der Lage, ihren Kindern genügend Raum zum Träumen zur Verfügung zu stellen. Kinder träumen in allen Farben, und das Träumen gehört zu ihren grundlegenden Menschenrechten. Nur wer eine erfüllte Kindheit hatte, kann seine Visionen umsetzen, sein Potenzial verwirklichen.

Dagegen zeigen andere Bilder die weniger privilegierten Kinder. Kinder, die schon in sehr jungen Jahren arbeiten, und das höchstwahrscheinlich ohne ausreichende medizinische Versorgung, Schulbildung und Nahrung für Körper und Seele. Das erstaunliche und letztlich auch Mut machende daran ist jedoch, dass in den Augen aller, ob sie nun begütert sind oder nicht, ein wunderbarer Überlebenswille und ein Geist der Hoffnung zu sehen ist. Das ist ihre Welt. Das ist ihr Erbe. Jedes der Porträts zeigt die Bereitschaft und den Willen voranzuschreiten, hinein in die Welt – eine Welt, die so viele von ihnen im Stich gelassen hat. Jedes dieser Kinder verdient es, frei zu sein. An uns liegt es, einen Weg zu finden, die Dinge zum Besseren zu wenden.

Dieses Buch ist der Ausdruck unserer Hochachtung vor dem Wertvollsten, was wir überhaupt haben – *unseren Kindern*, den Erwachsenen, Eltern und Führern von morgen. Die Freude, die sie uns machen, ihre Entschlossenheit, ihr Optimismus und ihre Sensibilität, mit allem tragen sie dazu bei, dass der Stern der Hoffnung nicht sinkt.

Ich glaube an die Kindheit.
Christina Noble

EIN KINDERGESICHT KANN SO VIEL WEISHEIT

UND FREUNDLICHKEIT AUSDRÜCKEN, UND DAS MIT EINER

SELBSTVERSTÄNDLICHKEIT

UND EINER GEWISSHEIT, DASS ICH UNS ALLE

DARIN WIEDER ERKENNE, DIE GESAMTE MENSCHHEIT.

Robert Henri, Maler

Australien Ross Swanborough

England Zoe Ali

Türkei Monard D. Nichols

MIT JEDEM KIND SETZEN WIR – MIT UNSERER LIEBE ZUM LEBEN –

EIN ZEICHEN DES WIDERSTANDS.

Tina Bajraktarebic, die im
vom Krieg zerrütteten Sarajewo ihre
erste Schwangerschaft erlebte

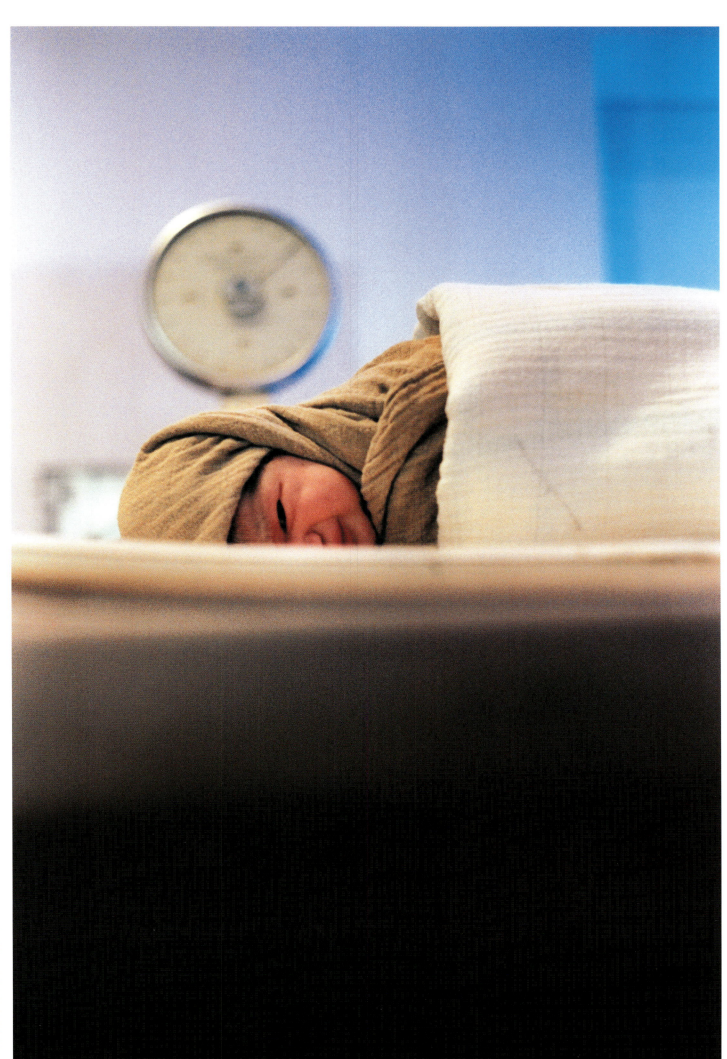

Deutschland Martin Langer

Mexiko Robin Sparks-Daugherty

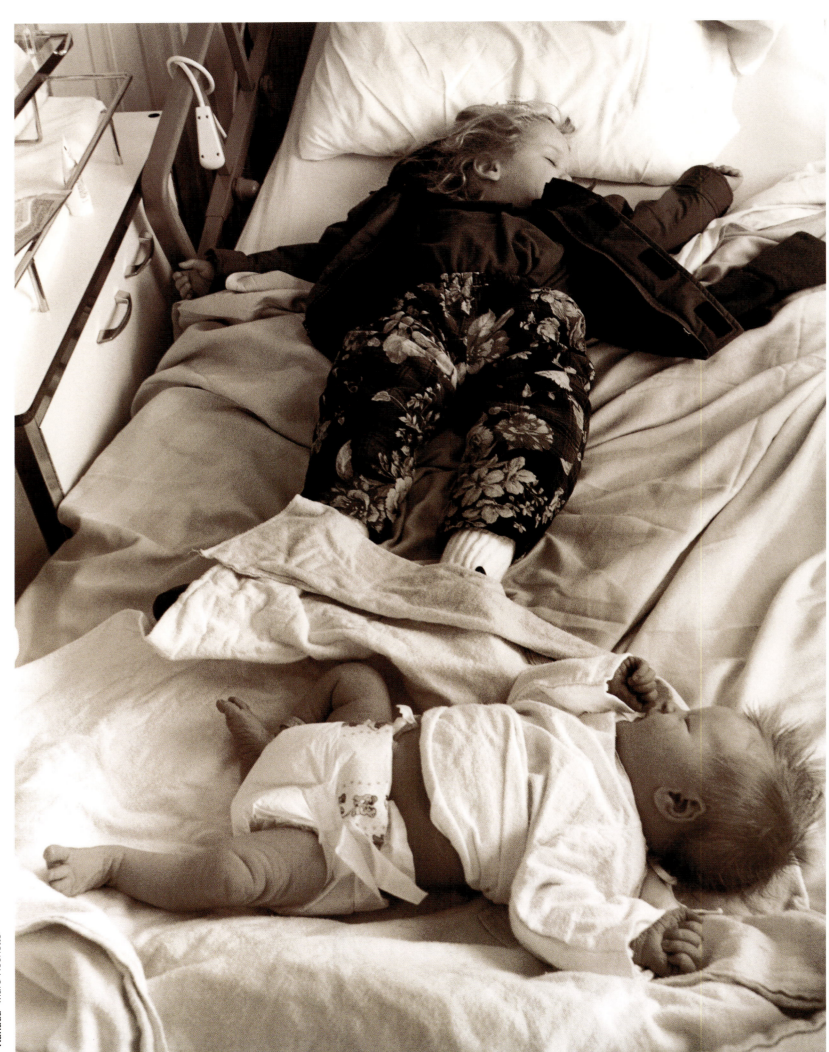

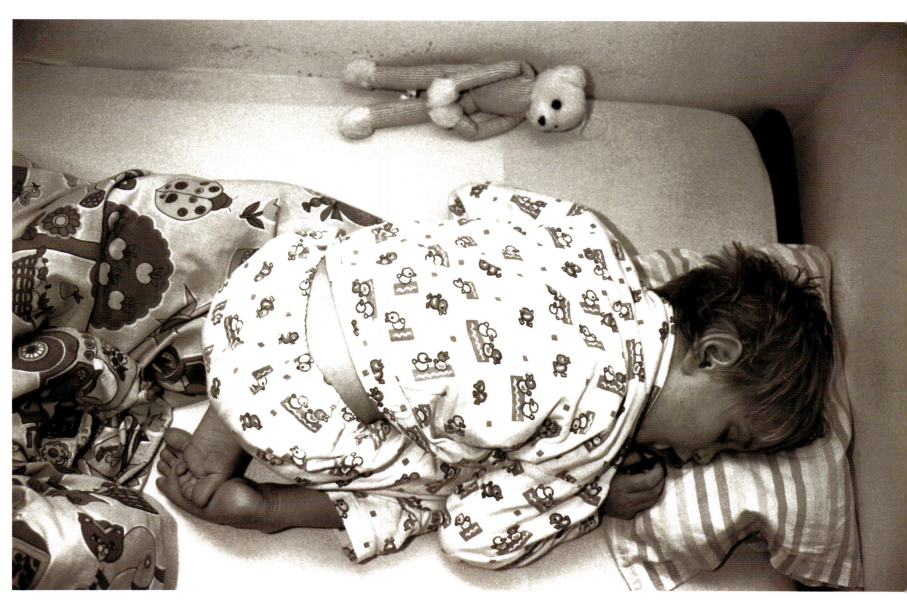

Niederlande Amit Bar

Wisconsin, USA William Frantz

Neuseeland Emma Bass

ICH BIN NICHT JUNG GENUG, UM ALLES ZU WISSEN.

Oscar Wilde, Dichter

Peru Victor Englebert

Benin Victor Englebert

DIE WICHTIGSTE AUFGABE EINES KINDES IST ES,

DIE WELT ZU EROBERN.

Lawrence Kutner, Kinderpsychologe

Neuseeland Terry Winn

Maryland, USA David MacNeill

Nebraska, USA Lori Carr

Kanada Marc Rochette

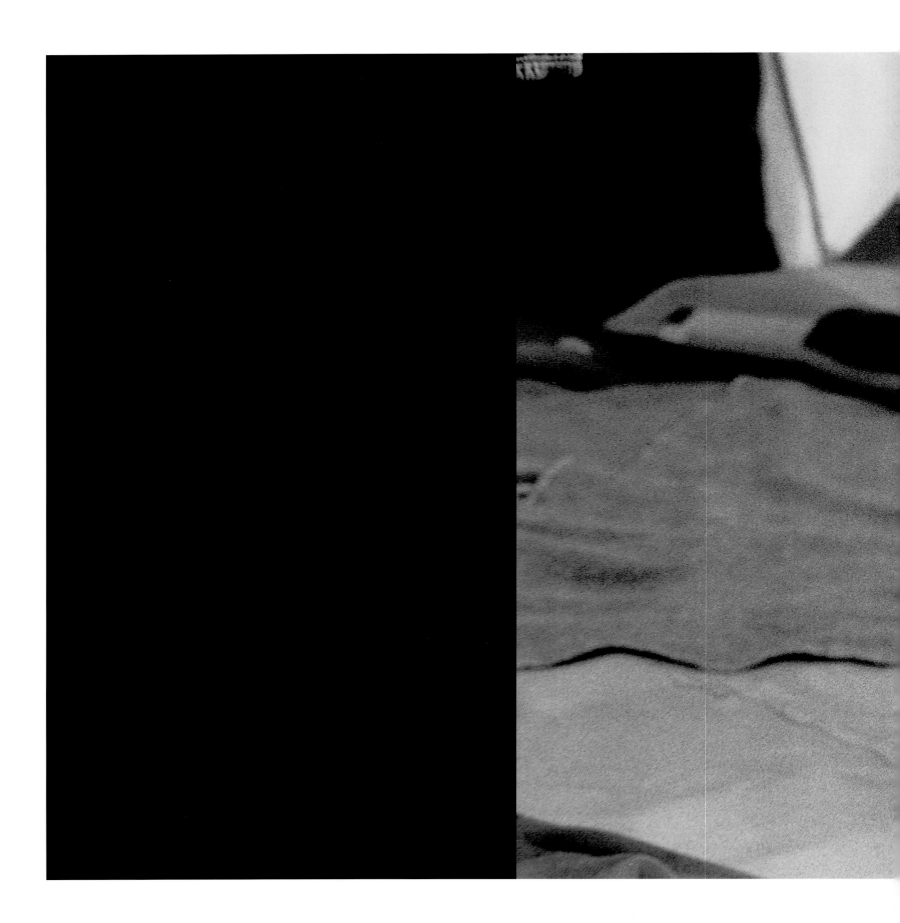

Bosnien David Barbaroux

Sólo una compañía que se anticipa al futuro puede ser la primera que dé acceso real a las comunicaciones del próximo siglo. Sólo entendiendo que cada persona tiene una necesidad de comunicación diferente se puede desarrollar una compañía que ofrezca los últimos productos, servicios y sistemas de comunicación.

COMUNICAR ES ASOMARSE AL MUNDO.

England Lynn Goldsmith

Frankreich Edmond Terakopian

DAS BEMERKENSWERTE AN KINDERN

IST IHRE INTELLIGENZ UND IHRE BEGEISTERUNGSFÄHIGKEIT,

IHRE NEUGIER, DIE KLARHEIT

UND KOMPROMISSLOSIGKEIT IHRES BLICKS.

Aldous Huxley, Schriftsteller

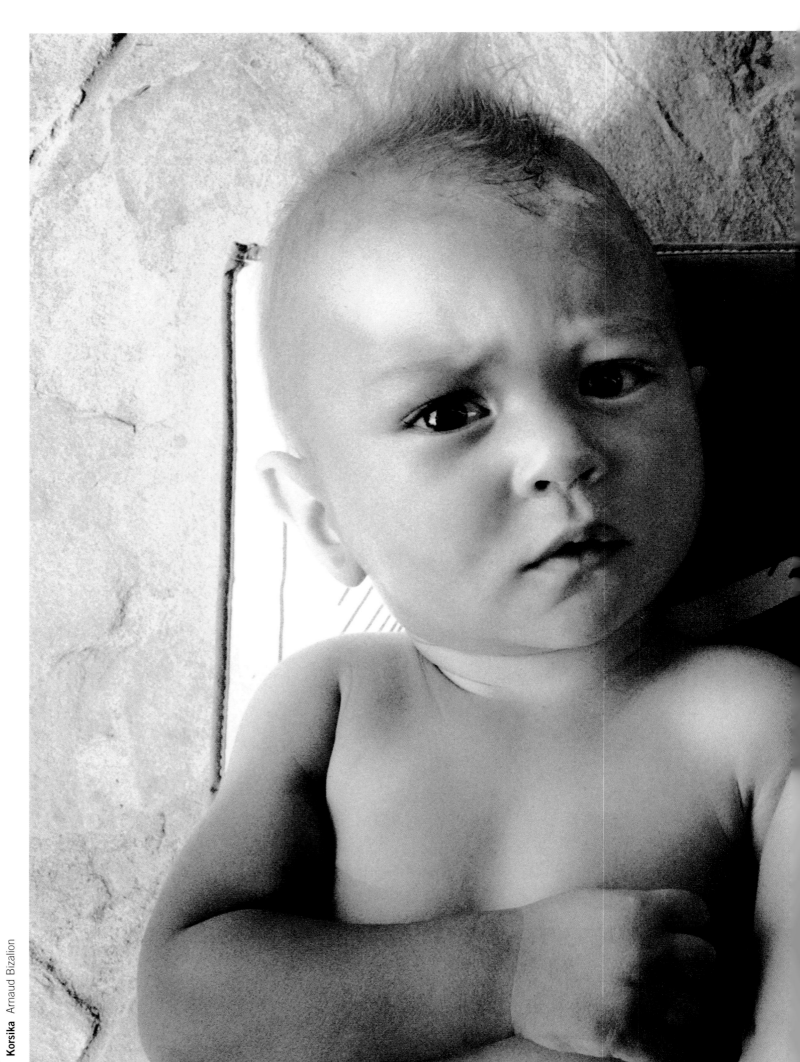

Kansas, USA David Hornback

New York, USA Karen Maini

EINFACH EIN KIND, DAS FREI ATMET UND LEBEN SPÜRT

IN ALLEN SEINEN GLIEDERN.

William Wordsworth, Dichter

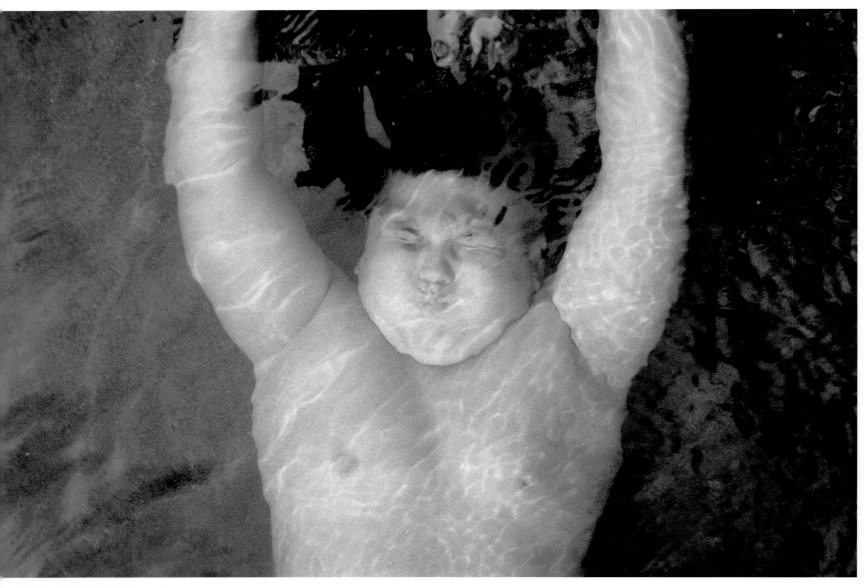

Maine, USA Melonie Bennett

Australien Ross Swanborough

Slowakei Măno Štrauch

Indien Debashis Mukherjee

SPÜRE DIE WÜRDE EINES KINDES

UND FÜHLE DICH NICHT ÜBERLEGEN, DENN DU BIST ES NICHT.

Robert Henri, Maler

Gambia Mark Kucharski

Thailand Malie Rich-Griffith

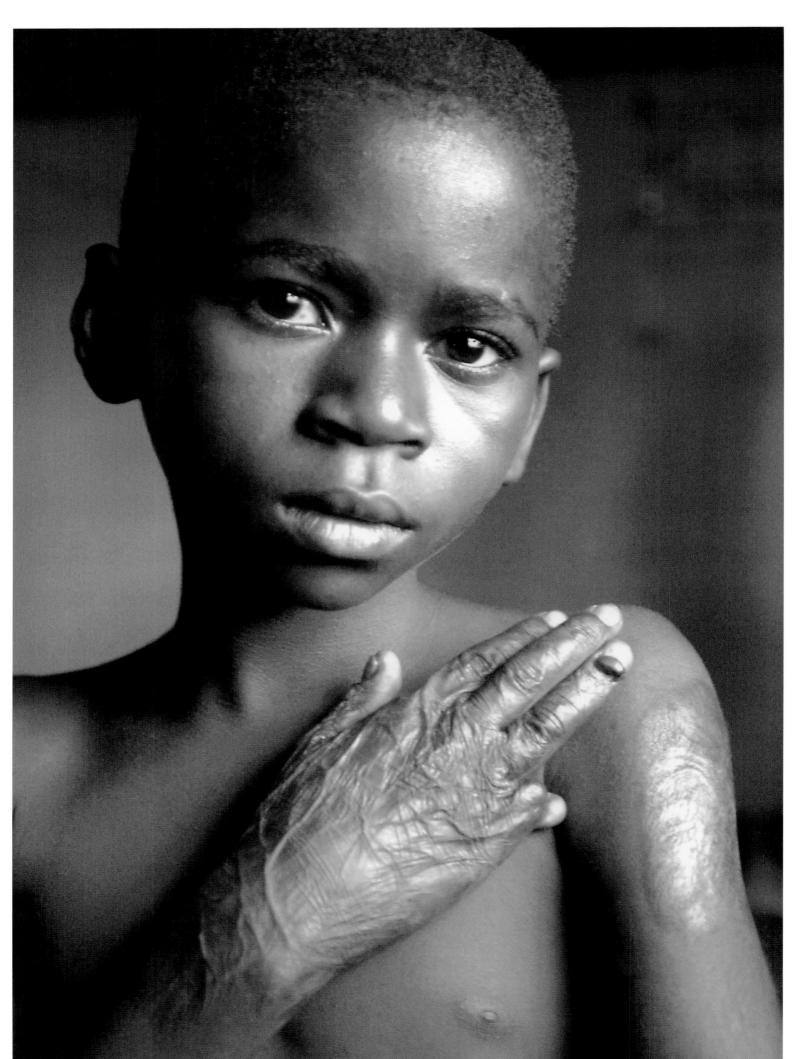

Südafrika Leonard Gittens

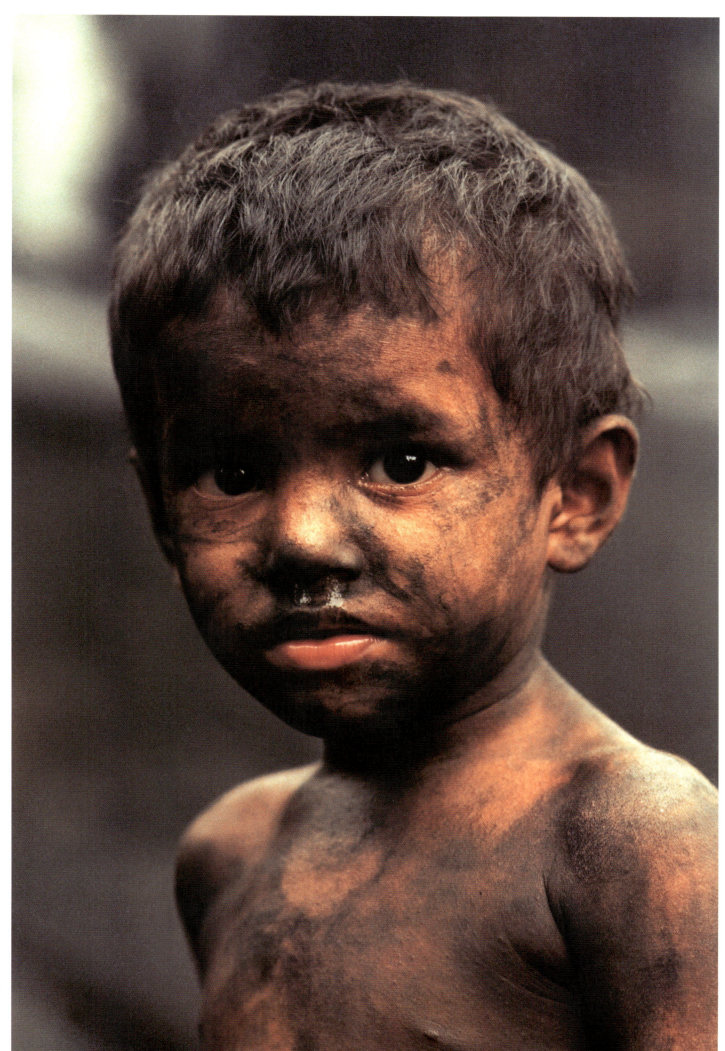

Südafrika Guy Stubbs

DAS LEBEN IST NICHT EINFACH, MEIN KIND;

ABER FASS DIR EIN HERZ: ES KANN HERRLICH SEIN.

George Bernard Shaw, Dramatiker

Indien P. V. Sunder Rao

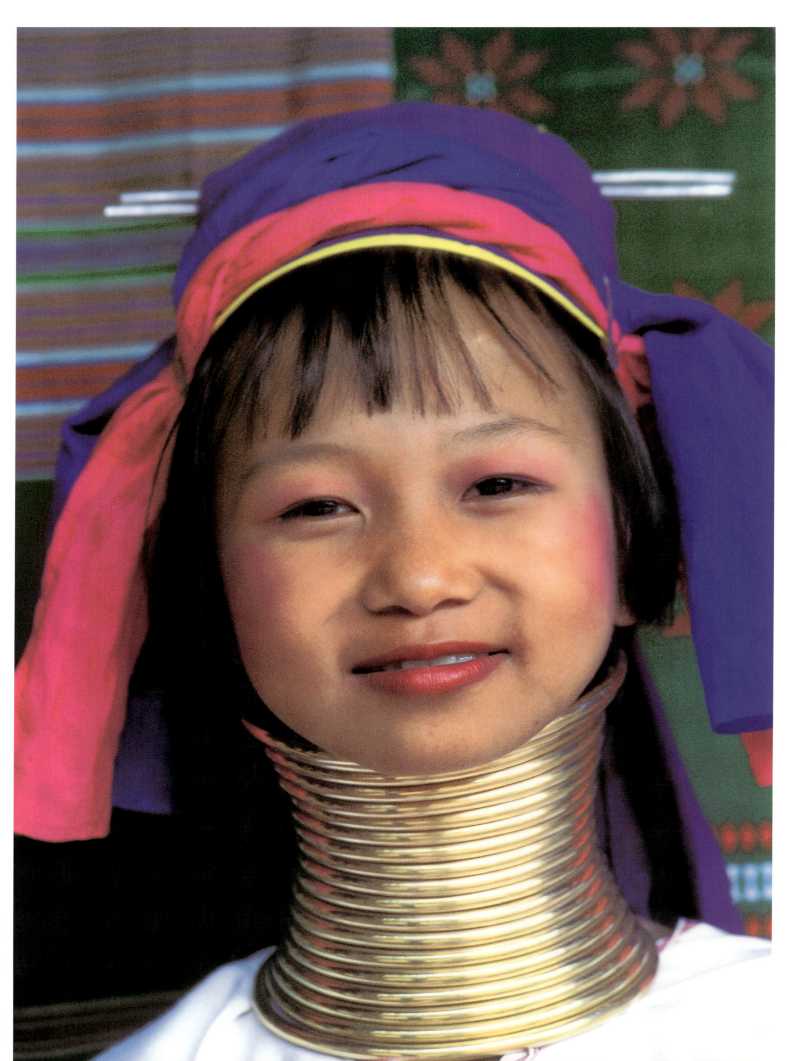

Vietnam Rich Marchewka

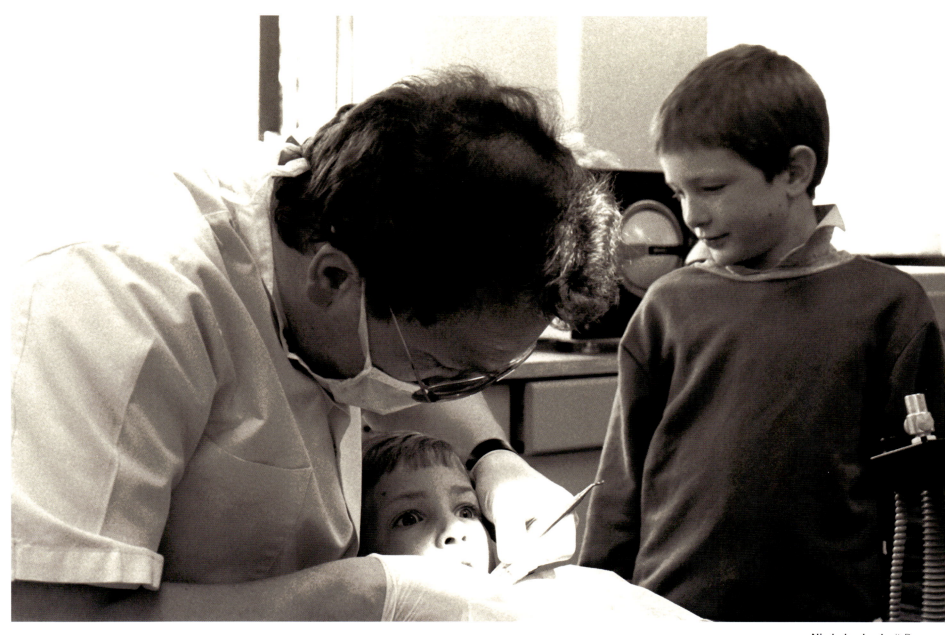

Niederlande Amit Bar

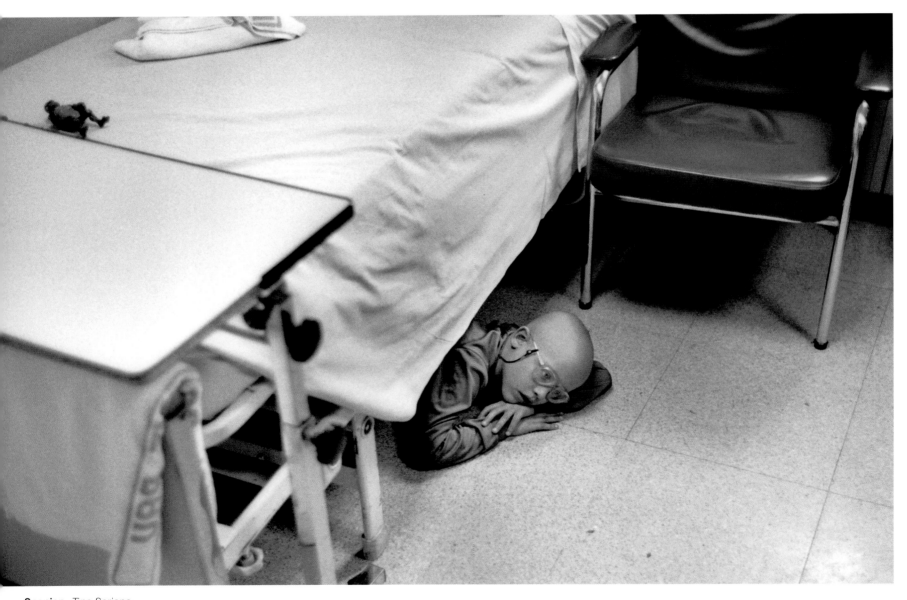

Spanien Tino Soriano

Spanien Tino Soriano

BEIM SPIEL KANN MAN IN EINER STUNDE

EINEN MENSCHEN BESSER KENNEN LERNEN, ALS WENN MAN SICH

EIN JAHR MIT IHM UNTERHÄLT.

Platon, Philosoph

Neuseeland Andrew Gorrie

Indonesien Zaqoni Maksum

Kalifornien, USA Ellen Giamportone

Nebraska, USA Lori Carr

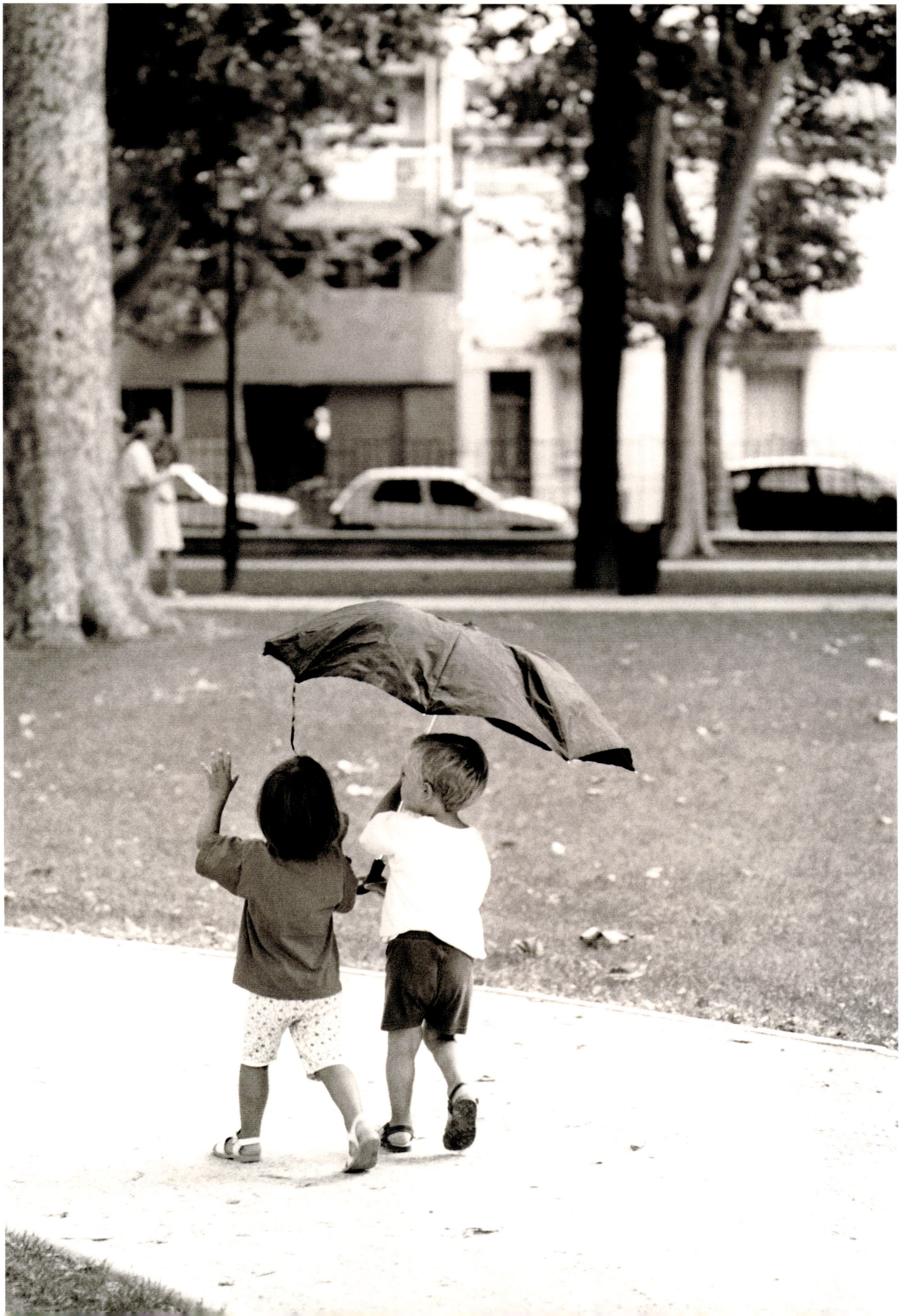

VIELE KINDER FREUEN SICH,

WENN SIE ETWAS EINZIGARTIGES UND WUNDERBARES

AN SICH SELBST ENTDECKEN.

Thomas J. Cottle, Professor

New York, USA David Grossman

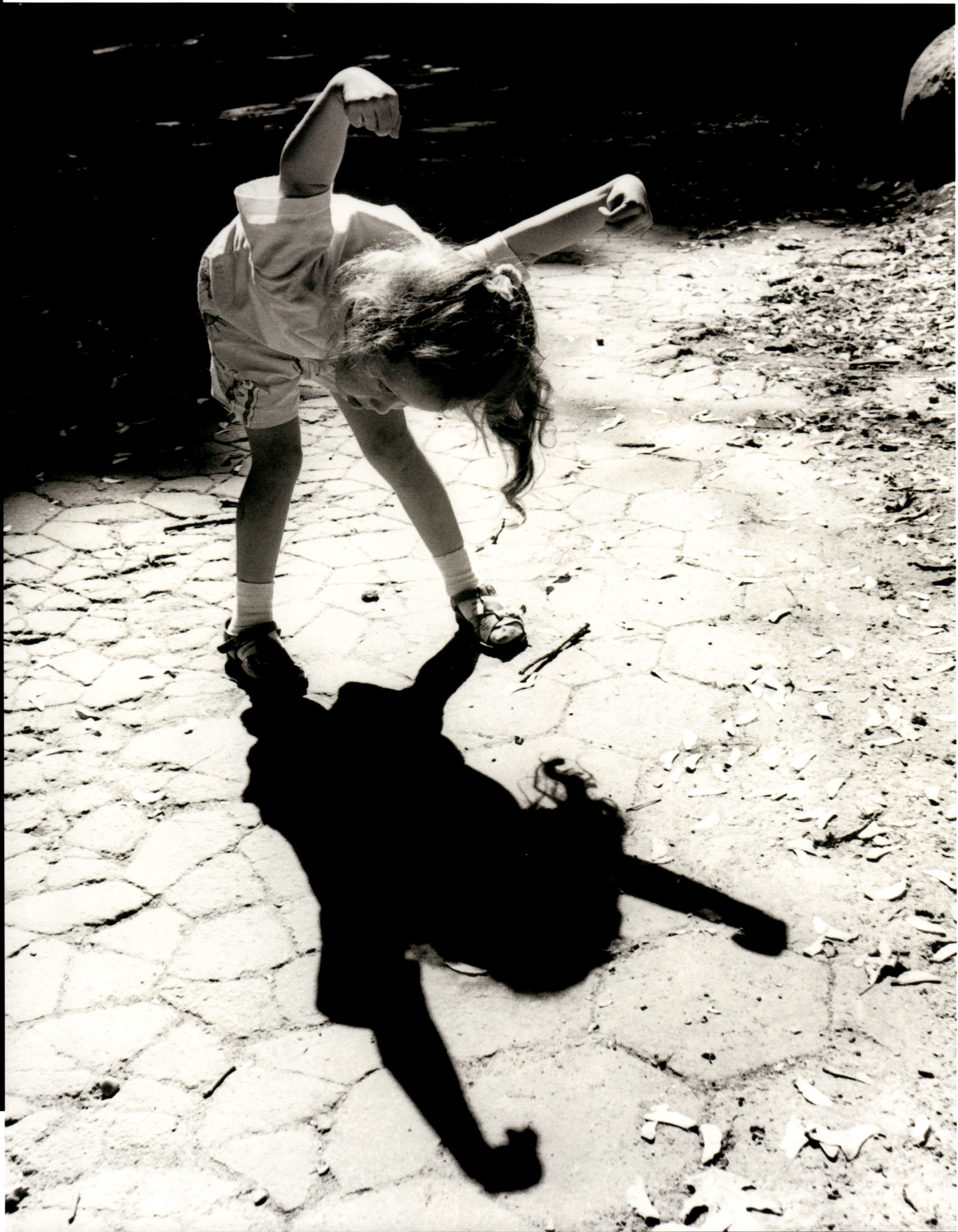

Pakistan Guy Stubbs

Dominikanische Republik Martin Langer

MEINE MUTTER SAGTE EINMAL ZU MIR:

»WENN DU SOLDAT WIRST, WIRST DU GENERAL;

WENN DU EIN MÖNCH WIRST, WIRST DU SCHLIESSLICH PAPST.«

STATTDESSEN WURDE ICH MALER UND AM ENDE PICASSO.

Pablo Picasso, Maler

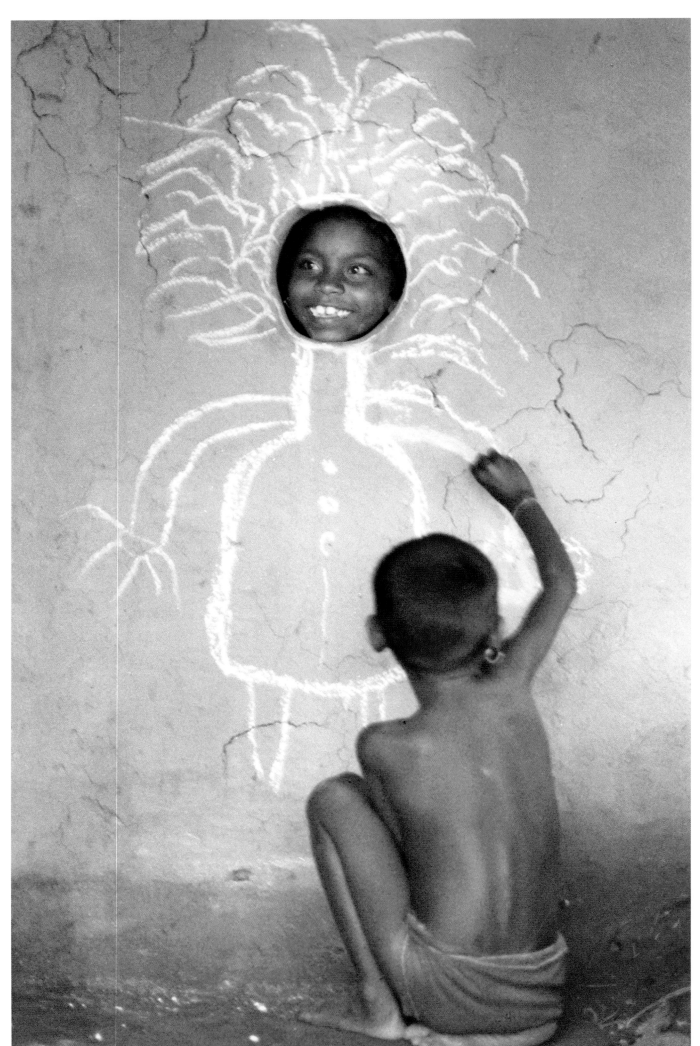

Kanada John Hyrniuk

Bolivien John Kaplan

Georgia, USA Ralph Daniel

Niger Victor Englebert

WENN DU'S NIE VERSUCHT HAST,

DANN NUR ZU.

DIESE DINGE MACHEN SPASS, UND SPASS IST GUT.

Dr. Seuss, Kinderbuchautor

Maryland, USA J. Michael O'Grady

New York, USA Greta Pratt

Minnesota, USA Greta Pratt

Chicago, USA Shauna Angel Blue

Brasilien Ário Gonçalves

Oregon, USA Gordon J. Evans

Massachusetts, USA Millicent Harvey

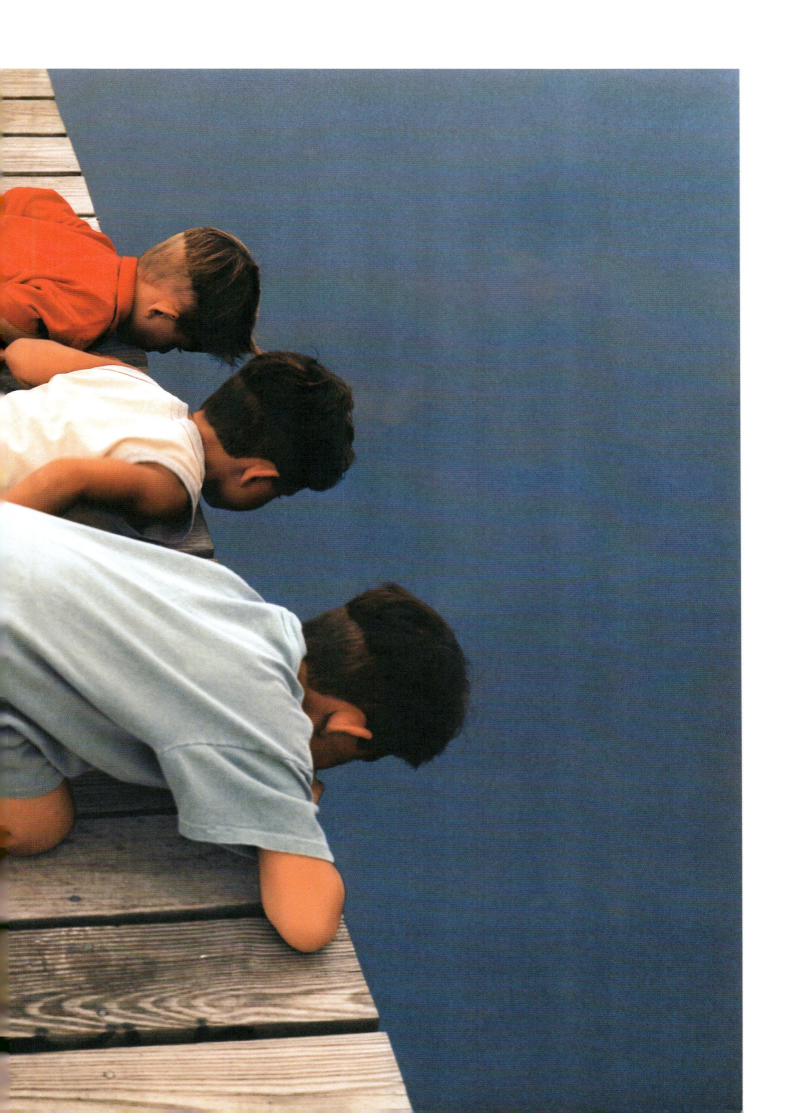

Philippinen Victor Englebert

DAS LEBEN HAT LUST AUF LAUTER

SCHÖNE UND ZAUBERHAFTE DINGE, BLAUE WELLEN,

DIE WEISS SICH AN DER KLIPPE BRECHEN,

LODERNDE FLAMMEN, DIE ZÜNGELN UND SINGEN,

UND KINDERGESICHTER, DIE IM AUFSCHAUN WUNDER

OFFENBAREN WIE EIN TRAUM.

Sara Teasdale, Dichterin

Brasilien Jones Castelo

Massachusetts, USA C. L. (Chris) Martin

Spanien David Bāneras Vives

GIB DEN KINDERN ERINNERUNG

AN TAUSEND SONNEN, LASS SIE TANZEN, LASS SIE FLIEGEN,

HAT DOCH IHR LEBEN BEGONNEN.

Corey Hart, Musiker

Südafrika Guy Stubbs

Kalifornien, USA John McNamara

Ghana Victor Englebert

New York, USA Jill Graham

Biografien der Fotografen

CHRISTOPHE AGOU
USA

Christophe Agou wurde
in Frankreich geboren
und lebt heute in New
York. Nach seinem Studi-
um am International
Center of Photography in
New York spezialisierte er
sich auf Fotoreportagen.
Seine mehrfach ausge-
zeichneten Arbeiten
erschienen in Bü-
chern, Zeitungen,
Zeitschriften.

© 1999 Christophe Agou

AMIT BAR
NIEDERLANDE

Amit Bar wurde in einem
israelischen Kibbuz ge-
boren und studierte Kunst
an der Universität von
Haifa. Er ist freier Fotograf
und Künstler und lebt in
den Niederlanden.

© 1986 Amit Bar

EMMA BASS
NEUSEELAND

Emma Bass war Kranken-
schwester, bevor sie die
Fotografie entdeckte. Seit
Abschluss ihres Studiums
ist sie als Redaktions- und
Werbefotografin tätig und
hat mehrere Preise für
ihre Arbeiten gewonnen.

© 2001 Emma Bass

SHAUNA ANGEL BLUE
USA

Shauna Angel Blue
hat am Columbia College
in Chicago Fotografie
und Kunst studiert. Einige
ihrer Werke wurden
bei internationalen Aus-
stellungen gezeigt. Ihre
Lieblingsmotive sind
Landschaften und ihre
Enkelkinder.

© 2001 Shauna Angel Blue

ZOE ALI
AUSTRALIEN

Zoe Ali wurde in Mel-
bourne geboren. Seit
Abschluss ihres Kunststu-
diums ist sie als freie
Fotografin tätig. Ihre Arbeiten werden weltweit in
Ausstellungen gezeigt.

© 1989 Amit Bar

© 1995 Zoe Ali

© 1994 Amit Bar

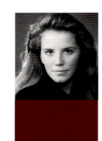

MELONIE BENNETT
USA

Melonie Bennett wuchs
auf einer Farm in Maine
auf und entdeckte dort
ihr Interesse für die Fotografie. Sie studierte das
Fach und präsentiert
heute ihre Arbeiten in
Galerien der Region.

© 1998 Melonie Bennett

EDDIE BONFIGLI
USA

Eddie Bonfigli wuchs in
Vermont auf. Nach dem
Psychologie-Studium kam
er zur Fotografie. Der
Autodidakt ist heute Spe-
zialist für Kinderfotografie.

© 1999 Eddie Bonfigli

DAVID BÄNERAS VIVES
SPANIEN

David Bäneras Vives lebt
in Girona in Spanien.
Durch einige bedeutende
Ausstellungen avancierte
er vom Hobbyfotografen
zum Profi. Seine Spezial-
gebiete sind Stilleben,
Reise- und Dokumen-
tarfotografie.

© 1999 David Bäneras Vives

DAVID BARBAROUX
DEUTSCHLAND

David Barbaroux wurde
in Südvietnam geboren.
Der Autodidakt ist heute
ein erfolgreicher Fotograf.
Seine Werke, für die er
zahlreiche Preise erhielt,
wurden in vielen Ländern
ausgestellt. Heute lebt
Barbaroux in Berlin und
arbeitet als Fotojournalist.

© 1995 David Barbaroux

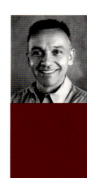

ARNAUD BIZALION
FRANKREICH

Arnaud Bizalion studier-
te bildende Kunst in
Aix-en-Provence und
Marseille und leitet
heute ein Designbüros
in Marseille.

© 1989 Arnaud Bizalion

SUSANNA BURTON
NEUSEELAND

Susanna Burton begann
ihre Karriere als Foto-
journalistin. Ihre Arbeiten
sind mehrfach ausge-
zeichnet worden, u. a. mit
dem internationalen
UNESCO-Preis.

© 2001 Susanna Burton

LORI CARR
USA

Lori Carr wurde in den USA geboren. Ihre Fotokarriere begann sie mit Bildern für das Highschool-Jahrbuch. Nach dem Studium an der Columbia University in Chicago zog sie nach Kalifornien und machte sich als Fotografin selbstständig. Zurzeit lebt Carr in Los Angeles und fotografiert Prominente für die Film- und Fernsehindustrie.

© 2001 Lori Carr

© 1999 Lori Carr

JOSE HENRIQUE CHAIM
BRASILIEN

Jose Chaim kam durch seinen Bruder, einen erfolgreichen Fotojournalisten, zur Fotografie. In jeder freien Minute geht er seinem Hobby nach.

© 1999 Jose Henrique Chaim

RALPH DANIEL
USA

Ralph Daniel lebt in Atlanta. Er studierte am Art Institute in Chicago und arbeitet seit 20 Jahren als Fotograf.

© 1999 Ralph Daniel

RAJIB DE
INDIEN

Rajib De wurde in Chandannagore geboren. Nach seinem Studium arbeitete er für die Zeitung *The Telegraph*. Jetzt ist er als Fotograf für den *Statesman* in Calcutta tätig. Seine Arbeiten sind mit nationalen und internationalen Preisen ausgezeichnet worden.

© 2001 Rajib De

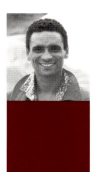

CLAUDE COIRAULT
TAHITI

Claude Coirault stammt aus Guadeloupe. Er arbeitete für die Agence France-Presse und war Mitbegründer der internationalen Fotoagentur Sydney Freelance Agency. Momentan lebt er in Papeete, der Hauptstadt von Tahiti.

© 1990 Claude Coirault

REINHARD DAVID
ÖSTERREICH

Reinhard David wurde in Wien geboren und begeisterte sich seit seinem Studium für die Fotografie. Er ist freier Fotograf und macht vor allem Reportagen über den Mittleren Osten, Afrika und Südostasien.

© 2002 Reinhard David

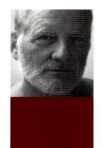

VICTOR ENGLEBERT
USA

Victor Englebert wurde in Belgien geboren und hat für seine Fotografien die entlegensten Plätze bereist. Mehr als 30 indigene Völker hat er fotografiert. Seine Fotografien sind in mehreren Büchern veröffentlicht worden.

© 1996 Victor Englebert

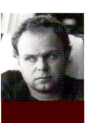

JONES CASTELO
BRASILIEN

Jones Castelo ist hauptberuflich Farmer in der Kleinstadt Mambore in Südbrasilien. Die Fotografie ist sein Hobby.

© 2001 Jones Castelo

MIGUEL CRUZ REYES
DOMINIKANISCHE REPUBLIK

Miguel Cruz Reyes wurde in Santo Domingo geboren. Er studierte dort an der Kunsthochschule und an der Universität. Seine Arbeiten wurden weltweit ausgestellt und mit bedeutenden Preisen ausgezeichnet, z. B. dem UNESCO-Fotopreis.

© 1998 Miguel Cruz Reyes

© 2002 Reinhard David

© 2002 Reinhard David

© 1999 Victor Englebert

© 1989 Victor Englebert

© 1996 Victor Englebert

© 1994 Victor Englebert

© 1989 Victor Englebert

© 1991 Victor Englebert

© 1989 Victor Englebert

© 1995 Victor Englebert

© 1996 Victor Englebert

GORDON J. EVANS
USA

Hauptberuflich ist Gordon Evans Rechtsanwalt. Aber seit mehr als 30 Jahren ist er ein begeisterter Hobbyfotograf.

© 1998 Gordon J. Evans

WILLIAM FRANTZ
USA

Bill Frantz studierte in Chicago. Er arbeitete dort für den *Playboy*. Seit einiger Zeit lebt er in Wisconsin und hat sich dort als Fotograf selbstständig gemacht. Frantz ist vor allem im Bereich Produkt- und Industriefotografie tätig.

© 1984 William Frantz

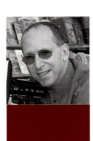

DAVID GARTEN
USA

David Garten lebt im US-Staat Vermont. Seit fast 10 Jahren fotografiert er Kuba, und seine Fotos, die weltweit ausgestellt wurden, erschienen in der *New York Times*.

© 1995 David Garten

HANS-GEORG GAUL
DEUTSCHLAND

Hans-Georg Gaul studierte an der Lette-Schule Berlin. Seitdem arbeitet er als freier Fotojournalist. Seine Reisereportagen führten ihn bis nach Indonesien und Osttimor.

© 2000 Hans-Georg Gaul

© 2000 Hans-Georg Gaul

ELLEN GIAMPORTONE
USA

Bereits mit 20 Jahren hat Ellen Giamportone die Kamera für ihre Kunstwerke eingesetzt. Ihre bevorzugten Themen sind das Leben in der Stadt, Landschaften und Kinder. Giamportone hat zahlreiche nationale und internationale Auszeichnungen für ihr Werk erhalten.

© 1981 Ellen Giamportone

LEONARD GITTENS
1948–2002
USA

Leonard Gittens, geboren in Guyana, zog 1969 in die USA. Sein ganzes Leben lang machte er ausgiebige Reisen, die er mit seiner Kamera dokumentierte. Kurz vor seinem Tod schrieb er: »Die Fotografie ist wie eine Triebfeder, die mich jeden Tag von neuem beflügelt.«

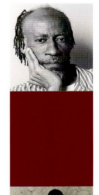

© 1996 Leonard Gittens

LYNN GOLDSMITH
USA

Lynn Goldsmith ist eine erfolgreiche Künstlerin und Fotojournalistin. Sie dreht Videos und Filme und ist bekannt für ihre Prominentenporträts. Ihre Arbeiten sind vielfach preisgekrönt worden. Goldsmith ist Autorin mehrerer Bücher.

© 1988 Lynn Goldsmith

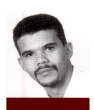

ÁRIO GONÇALVES
BRASILIEN

Ário Gonçalves wurde in Porto Alegre in Brasilien geboren und lebt heute in Alvorada. Er ist als Fotograf für das brasilianische Justizministerium tätig.

© 2002 Ário Gonçalves

DAVID GROSSMAN
USA

David M. Grossman lebt als freier Fotograf in New York. Er hat sich auf People-Fotografie spezialisiert und arbeitet für Zeitschriften, Werbung und im Gesundheitswesen. Grossmans Werk ist in öffentlichen und privaten Sammlungen vertreten.

© 1989 David Grossman

MARK EDWARD HARRIS
USA

Mark Edward Harris studierte Geschichte. Er lebt in Los Angeles und arbeitet als Fotograf, Schriftsteller und Lehrer. Seine Aufnahmen wurden in bedeutenden Zeitschriften veröffentlicht und er erhielt dafür mehrere Preise. Sein Buch *Faces of the Twentieth Century. Master Photographers and Their Work* wurde 1998 auf der New Yorker Bücherschau ausgezeichnet.

© 1997 Mark Edward Harris

DAVID HORNBACK
SPANIEN

Hornback stammt aus Kalifornien und lebt als freier Fotograf in Berlin und Bilbao. Dort arbeitet seine Frau Erika am Guggenheim-Museum als Fotografin.

© 1978 David Hornback

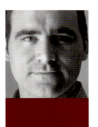

ANDREW GORRIE
NEUSEELAND

Andrew Gorrie hatte schon mit 15 zu Hause sein eigenes Fotolabor. Er arbeitete später in einem Labor für Fototechnik und Entwicklung. Heute ist er für eine der großen Tageszeitungen in Neuseeland tätig.

© 1989 David Grossman

MILLICENT HARVEY
USA

Millicent Harvey ist Profifotografin und hat sich auf Umweltschutz spezialisiert. Ihre Arbeiten wurden in mehreren Ausstellungen präsentiert.

© 1998 Millicent Harvey

JOHN HRYNIUK
KANADA

Als John Hryniuk mit 15 Jahren den legendären Yousuf Karsh in seinem Studio in Ottawa traf, wusste er, dass er Fotograf werden wollte. Hryniuk lebt in Toronto und arbeitet als Fotojournalist, Redakteur und für die Werbung.

© 1990 John Hryniuk

JILL GRAHAM
USA

Jill Graham ist Künstlerin und freie Fotografin in New York. Ihre Fotografien wurden in zahlreichen namhaften Publikationen veröffentlicht und in bedeutenden Ausstellungen gezeigt.

© 1998 Jill Graham

BLAINE G. HARRINGTON III
USA

Blaine Harrington arbeitet vor allem als Reisefotograf. Er hat in Santa Barbara in Kalifornien studiert. Viele Jahre arbeitete er als Modefotograf in Europa.

© 1994 Blaine G. Harrington III

HENRY HILL
USA

Während seiner 30-jährigen Fotokarriere hat sich Henry Hill auf Mode, Hochzeiten und Porträts spezialisiert. Seine Reisefotografien sind in Magazinen und Zeitungen erschienen.

© 2001 Henry Hill

ROBERT J. HUNTLEY
USA

Der Autodidakt Robert Huntley arbeitet seit Mitte der 1980-er Jahre als Fotograf in der Werbung und hat auch in seiner Freizeit seine Kamera immer dabei. Seine Werke wurden mehrfach in Boston ausgestellt.

© 2000 Robert J. Huntley

PAT JUSTIS
USA

Pat Justis arbeitet als freie Fotografin und Redakteurin. Ihre Werke sind in vielen Ausstellungen zu sehen gewesen und wurden in diversen Publikationen veröffentlicht.

THOMAS L. KELLY
NEPAL

Thomas Kelly lebt in Kathmandu. Er wurde in Santa Fe geboren und kam 1978 als Entwicklungshelfer nach Nepal. Seitdem lebt er dort und dokumentiert mit seiner Kamera die Unruhen in diesem Land. Seine Fotografien wurden weltweit ausgezeichnet.

MARK KUCHARSKI
GROSSBRITANNIEN

Nach seiner Ausbildung als Fotograf nahm Mark Kucharski 1980 an einer Expedition nach Nairobi teil. Er blieb in Kenia und lehrte dort Kunst und Fotografie. Seine Werke wurden weltweit in Ausstellungen gezeigt. Zurzeit lebt und arbeitet Kucharski auf den Philippinen.

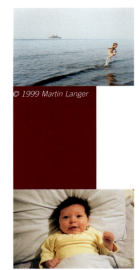

© 1999 Martin Langer

© 2001 Pat Justis

© 1987 Thomas L. Kelly

© 2002 Mark Kucharski

© 2001 Martin Langer

JOHN KAPLAN
USA

John Kaplan hat an der University of Florida eine Professur für Fotografie und Design. 1992 wurde er mit dem Pulitzerpreis in der Sparte Feature-Fotografie ausgezeichnet. 1989 hatte er bereits den Robert F. Kennedy Award für seine außergewöhnliche Reportage über Randgruppen in den USA erhalten.

© 2001 John Kaplan

JERRY KOONTZ
USA

Jerry Koontz fotografiert seit 30 Jahren. Seine Arbeiten umfassen Aufnahmen von Kindern, Landschaften, Hochzeiten und Porträts.

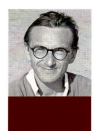

MARTIN LANGER
DEUTSCHLAND

Martin Langer wurde in Göttingen geboren und lebt heute in Hamburg. Er studierte Fotojournalismus und Fotodesign in Bielefeld und arbeitet als freier Fotograf für Zeitungen und Verlage.

JEAN LEMAY
KANADA

Jean Lemay arbeitete in Ruanda und erlebte dort die Folgen des Bürgerkrieges. Dort lernte er auch seine Frau Joan kennen. Seit kurzem leben sie mit ihrer Tochter in Botswana, und Joan Lemay arbeitet dort an einem internationalen AIDS-Projekt.

© 2001 Jean Lemay

© 1995 Martin Langer

© 2001 Jerry Koontz

JAREK KRET
POLEN

Jarek Kret studierte Ägyptologie an der Warschauer Universität. Nach seinem Abschluss arbeitete er beim polnischen Fernsehen und ist jetzt Redakteur beim polnischen *National Geographic*.

© 1992 Martin Langer

DAVID MACNEILL
USA

David MacNeill arbeitet als Werbefotograf in Maryland. Seine Leidenschaft gilt der Landschaftsfotografie und dem Fotojournalismus.

© 1998 David MacNeill

© 2002 John Kaplan

© 2001 Jarek Kret

KAREN MAINI
USA

Karen Maini hat bereits sehr früh mit der Fotografie begonnen. Ihr Werk umfasst Fotoessays über Paris, Burma, Italien und Cape Cod. 2001 fand eine Ausstellung in New York statt. Ihre Fotografien sind in privaten Sammlungen in Europa und den USA vertreten.

C. L. (CHRIS) MARTIN
USA

Chris Martin wurde in New Jersey geboren und studierte in Boston. Die Mutter von drei Kindern hat ihre Leidenschaft für die Fotografie entdeckt, und ihr bevorzugtes Motiv sind Kinder.

© 2001 John McNamara

DEBASHIS MUKHERJEE
INDIEN

Debashis Mukherjee arbeitet seit Abschluss seines Studiums bei einer Bank in Kalkutta. Seit Mitte der neunziger Jahre beschäftigt er sich mit der Fotografie. Er gewann beim ACCU Photo Contest im Jahr 2000 den großen Preis.

© 1999 Debashis Mukherjee

© 2000 Karen Maini

© 1999 C. L. (Chris) Martin

© 1999 Debashis Mukherjee

ZARQONI MAKSUM
INDONESIEN

Zarqoni Maksum wurde in Sidoarjo in Ostjava geboren. Seit seinem Studium arbeitet er als Fotojournalist für Antara, eine indonesische Nachrichtenagentur. Viele seiner Werke sind in seiner Heimat ausgestellt worden.

JOHN MCNAMARA
USA

John McNamaras Bilder sind in vielen Büchern und Zeitschriften erschienen und wurden mit nationalen und internationalen Preisen ausgezeichnet. Seit 1973 lehrt McNamara an der James Logan High School in Kalifornien.

JONNIE MILES
USA

Der geborene Schotte kam 1985 nach New York. Begonnen hat er als Autodidakt, und inzwischen ist er ein erfolgreicher Profifotograf. Neben der Fotografie gilt sein Interesse der Musik und seiner Band.

© 1999 Zarqoni Maksum

© 1997 Jonnie Miles

© 2001 John McNamara

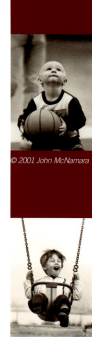

RICH MARCHEWKA
USA

Rich Marchewka ist Profifotograf und arbeitet in Los Angeles. Derzeit beschäftigt er sich mit dem Thema »AIDS in Afrika«. Das Projekt wird von der amerikanischen Organisation für internationale Entwicklung (USAID), vom US-Gesundheitsrat und vom US-Gesundheitsministerium unterstützt und veröffentlicht.

GUY MOBERLY
SPANIEN

Guy Moberly ist Dokumentarfotograf und reiste für seine Reportagen um den ganzen Globus. Sein vielfach ausgezeichnetes Werk wurde weltweit veröffentlicht und ausgestellt.

MONARD D. NICHOLS
USA

Monard Nichols lebt als freier Fotograf in Dallas. Inspiriert durch seinen Vater, studierte er Fotografie in Texas. Seine Arbeit fasziniert ihn aufgrund der »Magie, die ein Foto haben kann«.

© 1994 Rich Marchewka

© 2001 John McNamara

© 1997 Guy Moberly

© 1999 Monard D. Nichols

J. MICHAEL O'GRADY
USA

Michael O'Grady leitet ein Unternehmen für Kommunikationstechnologie in Maryland. Bereits seit seinem 16. Lebensjahr fasziniert ihn der Blick durch die Kamera. In seinen Bildern zeigt er am liebsten die schönen Seiten des Lebens.

© 2001 J. Michael O'Grady

CHANTRA PRAMKAEW
THAILAND

Chantra Pramkaew begann 1988 mit der Fotografie. Seitdem hat sie zahlreiche nationale und internationale Preise gewonnen. Ihr Spezialgebiete sind Kinderporträts und Szenen aus dem Leben.

© 1999 Chantra Pramkaew

© 1996 Greta Pratt

© 1999 Malie Rich-Griffith

© 2001 Malie Rich-Griffith

© 1996 Greta Pratt

CLIFFORD OLIVER
USA

Clifford Oliver ist in New York geboren und aufgewachsen. Jahrelang hat er als freier und fest angestellter Fotograf gearbeitet. Zurzeit ist er für eine New Yorker Organisation für Denkmalschutz tätig.

© 1998 Clifford Oliver

GRETA PRATT
USA

Greta Pratts Arbeiten erschienen in vielen namhaften Zeitschriften, wie *New York Times*, *New Yorker* und *Harpers*. Ihre Fotografien sind außerdem in den ständigen Sammlungen des National Museum of American Art und der Smithsonian Institution vertreten.

© 1999 Greta Pratt

MALIE RICH-GRIFFITH
USA

Malie Rich-Griffith lebt in Santa Fe. Ihre Natur- und Reisefotografien führen sie durch die ganze Welt. Sie hat für ihre Aufnahmen, die vielfach ausgestellt und veröffentlicht wurden, zahlreiche Auszeichnungen erhalten.

© 1999 Malie Rich-Griffith

MARC ROCHETTE
KANADA

Marc Rochette ist seit 20 Jahren Fotograf. Sein Werk umfasst redaktionelle Fotografie, Hochzeiten und Werbefotografie. Heute lebt er als freier Fotograf in Toronto.

© 2001 Malie Rich-Griffith

K. C. PERRY
USA

K. C. Perry aus Rhode Island studierte Fotografie und ist in seinem Beruf bereits seit 25 Jahren tätig. Seine Aufnahmen wurden in zahlreichen Galerien ausgestellt.

© 2000 Greta Pratt

© 1999 Malie Rich-Griffith

© 1990 Marc Rochette

© 2001 K. C. Perry

© 1999 Malie Rich-Griffith

© 1995 Marc Rochette

ARANYA SEN
INDIEN

Aranya Sen wurde in Kalkutta geboren. Er war Pressefotograf für diverse Zeitungen, Zeitschriften und die Nachrichtenagentur Novosti. Derzeit arbeitet er in seiner Heimatstadt für den *Daily Telegraph*.

ROBIN SPARKS-DAUGHERTY
USA

Robin Sparks-Daugherty ist eine erfolgreiche Fotojournalistin. Ihre Fotoessays wurden weltweit veröffentlicht. In vielen Ausstellungen waren ihre Arbeiten zu sehen, für die sie mehrere Auszeichnungen erhielt. Sie lebt derzeit in Asien.

MAŇO ŠTRAUCH
SLOWAKEI

Maňo Štrauch wurde in der Slowakei geboren. Nach Aufenthalten in den USA arbeitet er als selbstständiger Fotograf für Zeitungen, Zeitschriften und verschiedene Wohltätigkeitsorganisationen in der Slowakei.

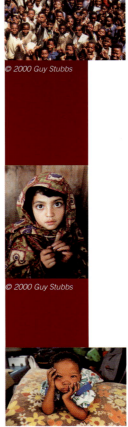

© 2000 Guy Stubbs

© 2000 Guy Stubbs

© Robin Sparks-Daugherty

© 2000 Aranya Sen

© Maňo Štrauch

TINO SORIANO
SPANIEN

Tino Soriano lebt in Barcelona. Seine Fotografien erschienen weltweit in vielen Zeitschriften, u. a. in *Spiegel*, *Paris Match* und *National Geographic*.

BETTINA STÖSS
DEUTSCHLAND

Bettina Stöß hat sich auf Ballett-, Theater- und Porträtfotografie spezialisiert und ist Mitbegründerin von Stage Picture, einer Agentur für Theaterfotografie in Saarbrücken.

GUY STUBBS
SÜDAFRIKA

Guy Stubbs' Fotografien wurden weltweit veröffentlicht und mehrfach ausgezeichnet. Er lebt in Südafrika, dem Land, das ihn inspiriert. Seine eindringlichen und aufrüttelnden Bilder zeigen den Optimismus, der für die Entwicklung von Südafrika so wichtig ist.

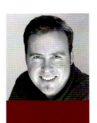

© 2000 Guy Stubbs

© 1991 Tino Soriano

© 1999 Bettina Stöß

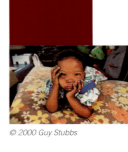

© 2000 Guy Stubbs

ROSS SWANBOROUGH
AUSTRALIEN

Ross Swanborough begann als Pressefotograf beim *Kalgoorlie Miner*, einer der ältesten Zeitungen im Westen Australiens. Jetzt arbeitet er für den *Australian* in Perth.

© 1992 Tino Soriano

PAMPANA VENKATA SUNDER RAO
INDIEN

Pampana Venkata Sunder Rao, genannt Sunder, wurde in Indien geboren. Für seine Werke wurde er bereits mit zahlreichen nationalen Preisen ausgezeichnet, u. a. beim internationalen Nikon-Fotowettbewerb 2001.

© 2000 Guy Stubbs

© 2000 Ross Swanborough

© 2000 Pampana Venkata Sunder Rao

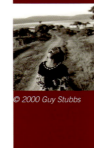

© 2000 Guy Stubbs

© 2000 Ross Swanborough

© 2001 Tino Soriano

EDMOND TERAKOPIAN
GROSSBRITANNIEN

Seit über 10 Jahren ist Edmond Terakopian als Pressefotograf tätig. Derzeit arbeitet er beim *Harrow Observer* und ist zudem als freier Fotograf für den *Guardian* und das *Time Out Magazine* beschäftigt. Viele seiner Fotografien wurden preisgekrönt.

© 1991 Edmond Terakop...

© 1998 Edmond Terakopian

SAM TISCHLER
USA

Sam Tischler wuchs in Santa Fe auf und studierte in Seattle Fotografie. Heute leitet er in Santa Fe ein Studio und hat sich auf die Fotografie von Kunstwerken spezialisiert.

© 2001 Sam Tischler

TERRY WINN
NEUSEELAND

Terry Winn hat Fotografie studiert und arbeitet seit 1979 in Auckland. Zusammen mit seiner Frau leitet er ein Porträtstudio und produziert Bücher, Kalender und Postkarten.

© 1998 Terry Winn

WILFRED VAN ZYL
SÜDAFRIKA

Die sechsjährige Marcelle umklammert die Hände des Fotografen, der sie im Kreis durch die Luft wirbelt. Um den Effekt auf dem Foto zu erreichen, hat sich Wilfred van Zyl die Kamera auf der Brust befestigt und den Selbstauslöser betätigt. In den Augen seiner Tochter kann man das Spiegelbild des Fotografen erkennen.

© Wilfred Van Zyl

NANCE TRUEWORTHY
USA

Nance Trueworthys fotografisches Werk umfasst Strand- und Meeresansichten. Im Smithsonian Museum wurde eine Auswahl ihrer Bilder anlässlich der Ausstellung »Ocean Planet« präsentiert.

© 1997 Nance Trueworthy

SILVA WISCHEROPP
DEUTSCHLAND

Silva Wischeropp wurde in Wismar geboren und lebt in Berlin. Ihr fotografisches Werk umfasst Architektur, Dokumentation, Mode, Porträt, Landschaft und Reise. Ihre Arbeiten sind vielfach veröffentlicht und ausgestellt worden.

© 1997 Silva Wischeropp

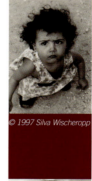

© 1994 Silva Wischeropp

KARSTEN THIELKER
DEUTSCHLAND

Karsten Thielker ist ein erfolgreicher Fotograf und Journalist. Er lebt in Berlin und arbeitet für verschiedene Medien. Viele seine Arbeiten sind in Ausstellungen präsentiert worden. Für seine Berichterstattung über den Bürgerkrieg in Ruanda erhielt er 1995 den Pulitzerpreis.

© 1995 Karsten Thielker

CONSTANCE WELLS
VANUATU

Constance Wells kommt aus Australien. Sie hat in den entlegensten Ecken vieler Länder gelebt, fotografiert und gemalt. Wichtig war ihr dabei, die Einwohner zu ermutigen, ihre regionalen Künste zu bewahren und zu pflegen.

© 1999 Constance Wells

Die *Christina Noble Children's Foundation* setzt sich für die Ausbildung, die medizinische Versorgung und die gesellschaftliche Eingliederung Not leidender Kinder und Familien in aller Welt ein.

Christina Noble, die Gründerin der Stiftung, glaubt fest daran, dass jeder Einzelne ein Zeichen setzen kann. Informationen, wie Sie ihre Arbeit unterstützen können, erhalten Sie unter www.cncf.org oder unter folgenden Adressen:

VIETNAM

Christina Noble Children's Foundation
P.O. Box 386, Saigon Post Office Centre,
Ho Chi Minh City, Vietnam
Tel: 0084 8 932 64 84
Fax: 0084 8 932 72 76

MONGOLEI

Christina Noble Children's Foundation
P.O. Box 74, Ulaanbaatar 48
Mongolia
Tel: 00976 11 32 98 66
Fax: 00976 11 32 30 60

IRLAND

Christina Noble Children's Foundation
44 Grafton Street
Dublin 2
Tel: 00353 1 671 57 29
Fax: 00353 1 672 50 85

GROSSBRITANNIEN

Christina Noble Children's Foundation
11–15 Lillie Road, West Brompton
London SW6 1TX
Tel: 0044 207 381 85 50
Fax: 0044 207 385 92 28

M I L K ™

MOMENTS   INTIMACY   LAUGHTER   KINSHIP

Titel der Originalausgabe: *Our Beautiful Children*
Erschienen 2003 bei PQ Publishers Limited, Studio 3.11,
Axis Building, 1 Cleveland Road, Parnell, Auckland, Neuseeland
Copyright © 2003 PQ Publishers Limited

Deutsche Erstausgabe
Copyright © 2003 von dem Knesebeck GmbH & Co. Verlags KG, München
Ein Unternehmen der La Martinière Groupe

Bibliografische Information Der Deutschen Bibliothek
Die Deutsche Bibliothek verzeichnet diese Publikation in der Deutschen Nationalbibliografie;
detaillierte bibliografische Daten sind im Internet über http://dnb.ddb.de abrufbar.

Aus dem Englischen: Christian Kennerknecht

Satz: satz & repro Grieb, München
Druck: Everbest Printing Co. Limited

Der Verlag hat sich bemüht, die Inhaber der Urheberrechte zu ermitteln; alle weiteren Inhaber solcher
Schutzrechte werden gebeten, sich an den Verlag zu wenden. Der Verlag bedankt sich für die
auszugsweise Abdruckgenehmigung folgender Werke: *Prayer* von Corey Hart, Copyright © 2002, mit
freundlicher Genehmigung von Saphir Music; *Witness of Joy* von Thomas J. Cottle aus *At Peril, Stories
of Injustice,* The University of Massachusetts Press 2001; *One Fish, Two Fish, Red Fish, Blue Fish* von
Dr. Seuss, ® und Copyright © Dr. Seuss Enterprises, L.P. 1960, überarbeitete Auflage 1988. Mit
freundlicher Genehmigung von Random House, Inc.

Printed in China

ISBN 3-89660-177-6

www.knesebeck-verlag.de